Material Docente

INVESTIGACIÓN, DIAGNÓSTICO Y EVALUACIÓN

Módulo I: La investigación y el Trabajo Social.

Mª Ángeles Martínez Sánchez

UGR. Curso 2014-2015

ÍNDICE

1. LA INVESTIGACIÓN EN CIENCIAS SOCIALES. CONCEPTOS Y TIPOS.

El objeto de estudio de los científicos sociales es LA REALIDAD SOCIAL.

¿Qué es la realidad social? no tiene un significado unívoco, sino multitud de significados, lo que hace que hablemos de realidades sociales, concepciones de la realidad que , además, son un producto social e histórico, concepciones dependientes de los autores que las formulan y del marco social que los rodean.

El objeto del conocimiento de la realidad social está formado por realidades y por apariencias.

Apariencia: la forma en que se nos presenta la cosa a conocer (puede ser engañosas o reales)

Miguel Beltrán (1991) defiende que la realidad social incluye la realidad real y la realidad apariencia porque ambas son reales en sus efectos. (medios de comunicación)

El Método: camino o vía de acceso para llegar a un fin.

Los métodos de investigación son las formas o los procedimientos mediante los cuales se consigue alcanzar los objetivos propuestos en la investigación. Cada método contiene formas específicas de recogida de datos (técnicas de investigación) y tipos de análisis que orientan en el tratamiento de la información recogida durante el trabajo de campo.

Las técnicas de investigación: son instrumentos concretos de los que se vale cada método para recabar la información deseada.

IMPORTANTE REALIZAR REFLEXIÓN PREVIA SOBRE EL ASPECTO DE LA REALIDAD SOCIAL A ABORDAR PARA APLICAR MÉTODOS Y TÉCNICAS CORRECTAS

Métodos de Investigación:

Investigación empírica: donde los hechos son externos al sujeto y el método se caracteriza por la observación, el uso del lenguaje matemático, la medición, la formulación y contraste de hipótesis (estudio de hechos concretos) . Tiene como meta la obtención de un saber operativo sobre las distintas situaciones y fenómenos de la realidad social que es siempre compleja y heterogénea.

Realidad compleja: porque el objeto de estudio es el hombre en su dimensión social y es cambiante.

Realidad heterogénea: está conformada por distintos fenómenos y situaciones de naturaleza variada.

A. ORTÍ (1986) ordena el **contenido de la realidad social en dos niveles** o dimensiones :

a) Nivel de los hechos o fáctico

b) Nivel de los discursos o significativo

a) Nivel de los hechos fáctico

Analizando manifestaciones externas, el investigados puede recoger qué ocurre, , cuándo, dónde, cuántas veces, quiénes realizan una acción u opinan (ejemplo: manifestaciones ciudadanas)

Según Durkheim los define como" las formas de obrar , pensar y sentir exteriores al individuo" , le vienen impuestas desde fuera, y en ellas no existe ninguna huella o repercusión subjetiva

Cuestiones fácticas:

1- Variables socio-demográficas (edad, nivel económico, nivel educativo, estado civil etc...?

2- Condiciones físicas y organizativas de los espacios donde desarrollan su acción:

(condición de la vivienda, paisaje urbanístico, formas de organización, etc..)

3- Los objetos o cosas con los que cuentan los individuos (recursos económicos, objetos materiales de todo tipo..)

4- Las acciones y comportamientos que se realizan y manifiestan en todos los órdenes de la vida cotidiana (consumo de alcohol, protestas vecinales, lectura de prensa, tiempo que se dedica a ver la televisión, aficiones, comportamientos xenófobos, etc..)

5- Opiniones y actitudes de los sujetos (sin entrar en el por qué se opina así)

b) Nivel de los discursos o significativo

Se trata del nivel de las argumentaciones y explicaciones de los sujetos sobre sus formas de actuar y de aprehender la realidad. En ella se articulan las ideas, los valores, las motivaciones, los deseos..que están detrás de los hechos externos señalando su significación y su sentido último (xenofobia)

El contenido son los discursos producto del lenguaje, lo que enlaza al individuo y sociedad es el lenguaje en tanto instaurador de la subjetividad humana y regulador de lo social.

El discurso según I.E. Alonso (1988) "es un conjunto de prácticas significantes, no sólo las prácticas lingüísticas en sentido estricto"

representaciones simbólicas y afectivas

PLURALISMO METODOLÓGICO

M. Beltrán (1991) señala cinco estrategias o vías de acceso a la realidad

Método cuantitativo : abarca el nivel de los hecho o fáctico

Método cualitativo: abarca el nivel de los discursos o significativo

excluyen

Método etnográfico :consideran aspectos cualitativos, pero no los elementos cuantitativos situándolos en contextos culturales y ecológicos concretos

excluyen

*Método biográfico::*consideran aspectos cualitativos, pero no los elementos cuantitativos referidos a los individuos como representantes de una situación socio-cultural concreta.

en

Método histórico: abarca tanto hechos como discursos situándolos un contexto y evolución histórica

LAS TÉCNICAS CUALITATIVAS

El grupo de discusión: trata de aptar la realidad social a partir del debate o la discusión en pequeños grupos

La entrevista: Ortí (1986:178) "la entrevista consiste en un diálogo face to face, directo y espontáneo, de una cierta concentración e intensidad, entre el entrevistado y un investigador.. Que oriente el discurso lógico y efectivo de la entrevista de forma más o menos directiva según la finalidad perseguida"

Las historias de vida: es la herramienta principal dentro del método biográfico. A través de ellas se puede reconstruir la dialéctica individuo-sociedad por medio del relato autobiográfico del propio actor. El investigador reconstruye la trayectoria vital de una persona a través de relatos en primera persona o de otros documentos externos producidos por terceros

La observación : es la técnica más representativa del método etnográfico. La observación es una forma de recoger información, que normalmente se lleva a cabo en el contexto natural donde tienen lugar los acontecimientos. El investigador observa lo que acontece, lo registra, y después analiza la información para elaborar unas conclusiones

Técnicas participativas o de búsqueda de consenso: técnica Delphi que utiliza la entrevista y/o cuestionario; el grupo nominal, el brainwriting que utiliza la reflexzión individual; el brainstorming, la técnica Phillips 6/6; el role-playing; el fórum comunitario que utiliza la interacción grupal o colectiva y las impresiones de la comunidad que utiliza varias técnicas combinadas.

2. EL DESARROLLO DE LA INVESTIGACIÓN EN TRABAJO SOCIAL. ARTICULACIÓN TEÓRICA Y PRÁCTICA

¿Cuándo nos planteamos una investigación?

Cuando queremos obtener información detallada y no mediada acerca de algún aspecto de la realidad social.

Podemos plantearla con distintas finalidades:

-Aportación de nuevos elementos a la teoría en una determinada área de conocimiento.

- Análisis y crítica del sistema social o de alguno de sus elementos
- Ejercicio de aprendizaje técnico o metodológico
- Cumplir trámites de orden académico
- Puesta en marcha de metodologías, técnicas e instrumentos

-Estudios de hábitos y comportamientos sociales

- Estudios de satisfacción de usuarios: en la fase de diseño de la política, en la fase intermedia o de resultado que mide los efectos a medio plazo y una fase de impacto que mide los efectos a largo plazo

FASES EN EL DESARROLLO DE UNA INVESTIGACIÓN

PLANTEAMIENTO Y DISEÑO DE LA INVESTIGACIÓN:

- Identificación del problema a investigar

- Plasmación del problema en objetivos concretos y medibles

- Elección de las fuentes de información

-Determinación del tipo de diseño de la investigación

-Universo (población a la que se dirige la investigación)

-Selección de la muestra

-Técnica de recogida de información

-Diseño de los instrumentos de recogida de información

-OBTENCIÓN DE LA INFORMACIÓN
-TRATAMIENTO Y ANÁLISIS DE LOS DATOS
-INTERPRETACIÓN DE LOS RESULTADOS
- PRESENTACIÓN DE CONCLUSIONES

3. DISEÑO DE UN PROYECTO DE INVESTIGACIÓN

1.1 Identificación de la demanda

Se trata de definir cuidadosamente el problema de investigación, tratando de buscar un equilibrio en cuanto a la dimensión del mismo. EVITAR preguntas de partida demasiado generales y también huir de la especificación exagerada.

1.2 Desglose en objetivos específicos y medibles.

Cuanto mejor definidos están los objetivos de la investigación, más fácil resulta diseñar la investigación. ¿Qué tipo de información se quiere obtener? ¿Qué aspectos del problema nos interesan más? etc.

3.1 FUENTES PARA LA OBTENCIÓN DE INFORMACIÓN

Fuentes primarias

Fuentes secundarias: Aproximación cuantitativa y de aproximación cualitativa

2.1 Fuentes secundarias

Donde encontramos datos que ya están recogidos para cualquier con cualquier otra finalidad

a) fuentes internas , se trata de datos que son recogidos por la propia organización como por ejemplo datos de las bases de datos, participantes....

b) fuentes externas, se trata de los datos recogidos por otros organismos

b) fuentes externas, se trata de los datos recogidos por otros organismos (Organismo oficiales, Cámaras de Comercio, Asociaciones, etc.).

INE: Censo, Padrón de Población, Encuesta de Población Activa, Encuesta Anual de Presupuestos, Censo Agrario ...-

CIS: Barómetros, estudios sobre temas específicos,

Otras fuentes: monografías, artículos de revistas, anuarios de prensa, informes y estadísticas de fundaciones, centros regionales de opinión pública, Universidades, etc

Para seleccionar las fuentes debemos:

Adoptar una posición objetiva y eminentemente crítica respecto a las fuentes de datos sin decantarse a priori por alguna de las fuentes disponibles.

Evaluar la calidad de las distintas fuentes disponibles atendiendo a estos criterios:

El grado de fiabilidad de la información según el método de obtención de los datos, los investigadores y la institución que realiza y publica la información.

El ritmo de actualización de los mismos.

El grado de discriminación (homogeneidad) o detalle que tiene la información obtenida

3.1.1 Fuentes Primarias :

Se trata de datos que son recogidos específicamente para nuestras necesidades de información.

Dicha información podemos obtenerla según dos enfoques distintos :

Cuantitativo (la encuesta)

La riqueza del numero(seguridad, garantía).

Permite extrapolar los datos de un segmento de la población al total.

Investigación del nivel consciente del individuo.

Carácter descriptivo

<u>Cualitativo (grupo de discusión, la entrevista, la historia de vida, la observación,)</u>

La riqueza de la palabra (el potencial del discurso libre).

El concepto en profundidad.

Investigación del nivel consciente e inconsciente del individuo.

Carácter explicativo: poder comprender la conducta de las personas.

Uso de las Técnicas Cualitativas ¿Cuándo utilizarlas?

Cuando queremos hacer un estudio exploratorio.

No tenemos muy claro qué cuestiones son importantes respecto del problema que nos ocupa.

Cuando queremos captar la respuesta más espontánea: respuestas o comportamientos sin "contaminar" por nuestra/s pregunta/s.

Cuando queremos profundizar en las razones de la población investigada.

Las técnicas cuantitativas permiten llegar a un nivel de medición de la realidad

Las técnicas cualitativas permiten alcanzar una mayor nivel de comprensión de la realidad

MODO DE ADMINISTRACIÓN DE LAS TÉCNICAS CUANTITATIVAS.

Personal : Rutas (casa, trabajo), calle , Hall-test

Es el más utilizado y más adecuado a temas complejos (es interactivo)
En el hogar permite observar las características sociales
Permite mostrar materiales gráficos

Conlleva algunos inconvenientes como los costes y tiempo
Inseguridad en el entrevistado y en el entrevistador
Hay temas delicados difíciles de abordar

Telefónica

Está creciendo
Es interactivo
Puedes acceder a público difícil
No hay inseguridad urbana
Abarata costes y agiliza
Supervisión simultánea

Señalamos algunos inconvenientes

Se desestima un % de población sin teléfono
No se puede mostrar material gráfico
Limita la duración el cuestionario

Es barato
Permite incluir material gráfico
Para muestras minoritarias o de difícil acceso

Algunos inconvenientes:

No hay interacción -> preguntas sencillas
¿Quién cumplimenta la entrevista???
Bajo índice de respuesta
Sesgo de información: Para evitarlo se envían hasta 2-

3 veces   cuestionarios a los que no responden
se limita la longitud del cuestionario
incluir regalo

Internet

Público especifico

Penetración baja

Está en una etapa inicial

aún tiene muchas limitaciones

4. LA INVESTIGACIÓN CUALITATIVA Y SU ENFOQUE.

Método Cualitativo

La metodología cualitativa parte de la observación, de los hechos para construir sus interpretaciones. Dicho método es el más adecuado para acceder al nivel de los discursos o significativo. El leguaje será el instrumento y objeto de conocimiento a la vez que instrumento ya que se utilizan técnicas de investigación que recogen el discurso social es decir, las ideas que sustentan la acción social.

Técnicas cualitativas:

- *__El grupo de discusión__* : trata de captar la realidad social a partir del debate o la discusión en pequeños grupos.

- *__La entrevista__:* "la entrevista consiste en un diálogo face to face, directo y espontáneo, de una cierta concentración e intensidad, entre el entrevistado y un sociólogo (investigador) " ORTÍ (1986 :178)

- Las historias de vida: es la herramienta principal dentro del método biográfico. En el marco de la intervención social ayudan a comprender la vida de las personas y los colectivos, las condiciones en que crecieron, se desarrollaron y toman sus decisiones, los factores históricos y psico-sociales que influyeron en su entorno,..(LÓPEZ-BARAJAS, 1996)

El investigador reconstruye la trayectoria vital de una persona a través de relatos en primera persona o de otros documentos externos producidos por terceros (informes médicos, informes jurídicos, tests psicológicos, testimonios de personas allegadas, fotografías , objetos personales etc..)

- La observación: se trata de una forma de recogida de información llevada a cabo generalmente, en el contexto natural donde tienen lugar los acontecimientos. El investigador observa lo que acontece, lo registra, y después analiza la información y elabora unas conclusiones.

UNIDAD MUESTRAL:

El objeto de la investigación tiene dos dimensiones fundamentales:

- Delimitación del ámbito temático concreto

- La selección de la población-diana del estudio, sus características y localización.

LA ELECCIÓN DE LA METODOLOGÍA

1 Diversidad de procedimientos

Tener en cuenta que hay tres principios en la elaboración metodológica:

- Para una investigación no hay una sola metodología, técnica y/o instrumento

Para seleccionar las más adecuadas hay que definir:

- El nivel de rigor y precisión
- El grado de adecuación a las características del objeto en estudio.
- La factibilidad que depende de :

la capacitación de los investigadores
la asequibilidad y corrección de las fuentes de información
necesarias
El nivel de operacionabilidad
El tiempo que requieren
El coste: humano, social y económico
Las limitaciones deontológicas

1 Esquema del proyecto

Se trata de la concreción documental de la programación de la investigación, es la guía de referencia para la gestión, la supervisión y la evaluación. Consta de los siguientes apartados:

1.1 Antecedentes y justificación

- Tipo de problema que motiva la investigación con sus características

- La génesis de la necesidad de la investigación

- *Revisión de los conocimientos que se tienen sobre investigaciones hechas ante problemas semejantes*

- *La justificación de la necesidad de la investigacion en función de los anteriores apartados, reflejando el tipo de intervención que se pretende realizar y de los beneficios sociales, humanos y económicos que se*

espera   obtener.

1.2 Definición precisa y operativa de los objetivos y del objeto de la investigación

Se definen los objetivos delimitando los ámbitos temáticos de la población objeto del estudio.

1.3 Definición de los contenidos o variables

Concretando su relación con los objetivos y su operatividad respecto a la intervención

1.4 Metodología , técnicas e instrumentos

Justificando su elección entre las alternativas posibles a partir de su mejor adecuación a las condiciones y características de la investigación

1.5 Fuentes

Descripción , su acceso y forma de utilización, haciendo constar su grado de fiabilidad y los procedimientos para su explotación.

1.6 Organismos, grupos y personas implicadas

Antes de iniciar la investigación se dege tener claro quénes son las pesonas , grupos organismos que estarán relacionados con la investigación

1.7 Plan operativo

Consiste en la concreta ordenación de todos y cada uno de los elementos del trabajo, con definición expresa de los tipos de relaciones operativas y temporales entre las actividades

1.8 Marco contractual

Se trata de reflejar los elementos que inciden sobre el proceso operativo dela investigación: plazos de entregas parciales, fecha de la entrega final, liquidaciones económicas, partes operativas y elementos logísticos que asume el demandante, etc..

1.9 Presupuesto

Es preciso pormenorizar los valores de cada partida y llevar a cabo el control presupuestario permanente.

2. Determinación y descripción de las actividades

Definidas las metas, realizamos un inventario de las actividades que se tienen que realizar para alcanzarlas. Para cada una de las actividades se debe hacer constar :

los recursos que son necesarios para cada una de ellas
Momento en el que se necesitan estos recursos
Tiempos que requieren la realización de las actividades
Las realizaciones de dependencia entre las actividades
Las personas que pueden realizarlas

3. Normas y protocolos para cada actividad

Debemos recoger en un documento cómo se realizará cada tarea y qué instrumentos se deben utilizar. Es decir, el establecimiento de protocolos y otros instrumentos documentales de realización de las tareas (cuestionarios, guiones de entrevistas, guiones de informes etc..)

Todos los participantes deben saber:

qué tienen que hacer, **cuándo...**, **dónde...**, **con quién**.........**cómo**....

4. La asignación de funciones y tareas

La implicación en el estudio viene determinada por dos razones

1- Participación en la acción o el problema

- Población afectada directa o indirectamente por el problema
- El organismo demandante del estudio
- Los profesionales que llevarán a cabo la intervención

Estos tres niveles pueden participar en la elaboración conjunta, en asesoramiento para suministrar o recibir información .

2 Participación en la investigación

      - Directa en la elaboración del proyecto, gestión , en la elaboración de algunas partes o su inclusión estratégica.

      - Indirecta a través de consultores teóricos o metodológicos.

5. Esquema de coordinación y comunicación

Se debe concretar en un organigrama las responsabilidades de cada miembro del equipo.

6. Relación de recursos necesarios

Deberemos realizar un inventario con los recursos que vamos a utilizar de acuerdo a las necesidades del programa para los que tendremos que dar los siguientes pasos:

-Delimitar claramente el territorio de la población-diana

- Determinar los recursos y características de los mismos requeridos para la investigación

- Confeccionar el listado de los recursos disponibles , concretando su grado de aplicabilidad.

- Identificar su localización

- Elaborar un listado de carencias y valoración económica

7. Relación de dependencia y temporalidad entre las actividades

Para programar deberemos tener en cuenta hasta qué punto dependen entre sí cada actividad:

8. Gráfico de programación y seguimiento de proyectos

Una vez definidas las dependencias entre actividades, podemos realizar el programa secuencial de actividades que nos permite conocer cuáles se han de desarrollar con continuidad lineal y cuáles se pueden realizar simultáneamente o en paralelo

8.1 Método PERT (Programm Evaluation and Review Technique) por su generalidad, flexibilidad y no complejidad.

8.2 Calendarización

Si el programa tiene una estructura simple podemos plasmar la secuencia de las actividades en un cuadro de actividades o Diagrama de Gantt

ACTIVIDADES	MES SEMANA	1 1	2	3	4	5	6	7	8	9	10 24
Revisión bibliográfica											
1ER listado de contenidos											
Selección y adiestramiento entrevistas											

9. El presupuesto

Debe ser lo más real posible

5- MÉTODOS DE INVESTIGACIÓN Y TÉCNICAS DE INVESTIGACIÓN CUALITATIVA

LAS TÉCNICAS CUALITATIVAS

La entrevista
Los grupos de discusión
La observación
Las técnicas biográficas

La entrevista

"la entrevista consiste en un diálogo face to face, directo y espontáneo, de una cierta concentración e intensidad, entre el entrevistado y un sociólogo (investigador) " ORTÍ (1986 :178)

Tipos de entrevista

Según el objetivo: Entrevista clínica
Entrevista de orientación
Entrevista de investigación social

Según el grado de estructuración y directividad:

Entrevista estructurada o directiva
Entrevista abierta o semiestructurada

La entrevista clínica

Se utiliza en el ámbito de la psicología y la psiquiatría y tiene por objeto elaborar un diagnóstico sobre la situación psicológica de un individuo y /o construir un saber sobre el síntoma del paciente que le ayude a abordar su situación personal.

La entrevista de asesoramiento u orientación

Se utiliza fundamentalmente en el campo de la orientación social o profesional. Se trata de orientar a un sujeto en la comprensión y valoración adecuada de sus propias aptitudes, intereses y actitudes en relación con un campo profesional o personal concreto. Es el sujeto el que debe valorar la situación y tomar decisiones con la ayuda del experto.

La entrevista de investigación

El entrevistado es un mero transmisor de información sobre un tema o situación de la que participa o conoce. Trata de averiguar aquellas cuestiones que comparte o le hacen tener un comportamiento similar a aquellos con quienes participa de un mismo problema, posición social, espacio físico, sistema cultural etc..

Tipos

La entrevista focalizada: se centra en un tema específico sobre el que se trata de indagar . Merton, Fiske y kendall indican cuatro pasos para su realización:

mismo
- Selección de personas que tienen en común haber pasado por un acontecimiento , o una misma situación, problema....

- Formulación de la hipótesis a cerca de los efectos que los problemas, acontecimientos .... Han tenido en los entrevistados.

- A partir de la hipótesis se diseña una guía de entrevista en la que se especifican los temas y aspectos principales a tratar.

- Se realiza la entrevista explicando antes a los entrevistado la hipótesis de partida, y focalizándola en los aspectos subjetivos y motivacionales.

Según el grado de estructuración y directividad

Entrevista estructurada o directiva

- Se fijan de antemano una lista de preguntas que se formulan en un orden preciso

- El entrevistador conduce la entrevista (selecciona el tema y plantea las preguntas)

- No se debe alterar el orden de las preguntas y tampoco se deben improvisar preguntas

- Todas las preguntas pueden ser abiertas o intercalar abiertas y cerradas o puede haber una serie de respuestas ya estandarizadas

- En el caso de que todas las preguntas sean cerradas estamos perdiendo información

Entrevista abierta o semidirectiva

- Se trata de entrevistas semiestructuradas

- Se parte de un guión de temas o aspectos a tratar

- El peso de la conversación lo tiene el entrevistado y el entrevistador animará la entrevista e intervendrá lo menos posible.

- Para facilitar la entrevista el entrevistador debe poseer conocimientos sobre el tema

- El orden de la entrevista dependerá del entrevistado

- Solo cuando el entrevistado se refiera a temas que el entrevistador no lleva preparados, éste, se encargará de introducirlos.

Ejemplo de entrevista abierta.

Sobre la integración de un grupo de inmigrantes chinos en una localidad de 2000 habitantes

Sobre la familia
Miembros
El idioma
Situación laboral
Escolarización
Alojamiento

Sobre la relación con el vecindario

Tipo de vivienda
Participación en actividades culturales
Su negocio, sus relaciones con las instituciones de la población…

Para que se realice este proceso de comunicativo el entrevistador ha de conocer los obstáculos y las ayudas que pueden aparecer GORDEN(1987)

Respecto a los obstáculos GORDEN (1987)

-Disponibilidad temporal: El entrevistador se adaptará al tiempo disponible del entrevistado y además este deberá conocer el tiempo medio de duración de la entrevista.

-Etiqueta o reserva : El entrevistado tiene ciertas reservas para contar secretos o cuestiones cotidianas que puedan ser mal vistos desde fuera. En este caso cuanto más cercano se muestre el entrevistador menos recelos tendrá el entrevistado.

- Amenaza al ego: mayor reserva que el anterior. Se trata de crear o mantener una imagen frente al otro. El entrevistado puede ocultar información que considere dañina para su autoestima o le suponga alguna pérdida de posición social.

Trauma: el entrevistado puede haber pasado un hecho traumático que no quiera rememorar, o que dicho hecho le produzca agresividad o niegue el trauma. El entrevistado trata de protegerse.

La memoria: El entrevistador inducirá al informante a que recuerde el máximo de detalles y cree "redes de asociaciones" que enlacen sucesos

La confusión cronológica : en relación a la memoria, Gorden diferencia entre pasado introspectivo (el entrevistado se pone en el momento y situación del pasado) y pasado retrospectivo (el entrevistado recuerda el pasado pero con el filtro de las vivencias e interpretaciones actuales

Generalización : El entrevistados reconducirá la entrevista en el caso de que el entrevistado "no se vaya por las ramas".

Aspectos inconscientes, Repercusión (incertidumbre ante las
consecuencias que pueda tener la manifestación de opiniones) , Status
quo (informar a medias o quedarse en la generalización) ; ruptura del
círculo (dificultad para ser entrevistadas, lealtad al grupo de iguales) ;
interés (distintas razones para acceder a la entrevista),

Seguiremos con las Ayudas a la comunicación

Según M. GRAWIT (1984)

          - El Reflejo de cortesía. Fundamentalmente tratar al
entrevistado con cortesía explicándole los motivos de la entrevista.

          - Deseo de influir:El entrevistado puede verse involucrado en
la   entrevista por su deseo de cambiar una situación, colaborar
en la   resolución de un problema u obtener un beneficio personal.

- Necesidad de hablar: uno de los procesos que facilitan la comunicación es la necesidad de hablar y ser escuchado.

Otros aspectos que facilitan la comunicación según GORDEN

- Cumplimiento de expectativas; reconocimiento; altruismo; comprensión, la novedad de la situación o la obtención de recompensas externas

Habilidades comunicativas para realizar una entrevista

- Ayudará a eliminar dificultades en la comunicación

- Reforzará habilidades o tácticas de comunicación para romper barreras.

- Otras: cambio de tema, eco, listas de temas, recapitulación, aclaración..lapsus,..

Distinguimos entre:

- Habilidades comunicativas generales

- Habilidades comunicativas específicas

Habilidades comunicativas generales:

- Desarrollar una actitud empática: que el entrevistado se sienta acogido y comprendido. Puede mostrar signos de solidaridad y comprensión.

- Cuidar el lenguaje y los comportamientos no verbales

- Habilidades comunicativas específicas:

Se refiere a aquellas habilidades que hacen referencia a la estimulación y desarrollo de la interacción verbal

GORDEN (1987)
- El silencio: la "escucha activa" por parte del entrevistador. Los silencios animan al entrevistado a responsabilizarse de su palabra y a darle todo el protagonismo al entrevistado.

- Estímulos neutrales de animación: son signos como "mmm"; "ah" ;"si,si"; "ya", miradas, movimientos de cabeza asertivos,

- Formas verbales neutrales de elaboración: No se añaden nuevas preguntas, se ayuda a que profundice "¿y dices que....?; Muy interesante..., "Alguna cosa más acerca de..."

Preparación de la Entrevista

Entrevistas estructuradas:

Se irá de los más general a lo más particular

De lo menos comprometedor a lo más confidencial

De lo más impersonal a lo más singular

De las cuestiones menos relevantes a las más centrales

De la descripción de los hechos a su interpretación

Se adaptará el lenguaje al nivel comprensivo del entrevistado

Se confecciona una lista o guión orientativo, no es necesario seguirlo de forma estricta

Para realizar la entrevista se habrá de tener en cuenta:

Preparar el contacto, antes de la entrevista crear un clima de confianza, cuidar la apariencia externa del entrevistador (edad, sexo, vestimenta) , el registro de la información puede hacerse en video o una grabación de voz.

- EL GRUPO DE DISCUSIÓN

Orígenes

R.K. Merton extendió el concepto "focussed interview", que dará lugar a la entrevista en profundidad y al grupo de discusión.

Kurt Lewin fue pionero en las dinámicas grupales, y utilizó el grupo en numerosas investigaciones como unidad de análisis principal.

Objetivo de la reunión de grupo: Según A. ORTÍ (1986:180) "el objetivo es fundamentalmente pragmático, macrosociológico y extragrupo: el grupo tan sólo interesa como medio de expresión de las ideologías sociales, como unidad pertinente de "producción de discursos ideológicos"..el grupo es sólo un marco para captar las representaciones ideológicas, valores, formaciones imaginarias y afectivas,......

Definición

Según A. ORTÍ (1986): El grupo de discusión es una técnica que trata de captar la realidad social a partir del debate o la discusión en pequeños grupos.

Se trata de reproducir aquello que sucede en la sociedad (macro situación) a través de un grupo de personas (micro situación) reunidas a propósito por el investigador para hablar sobre un tema. Dicho grupo funciona como un espejo de la realidad social porque los sujetos, exponiendo sus ideas y debatiendo entre ellos, reflejan sus propias vivencias, pensamientos, posiciones....acerca de una situación o problema concreto.

.

-El grupo.
- El moderador
- El tema a debatir

Definición de grupo según *K. Lewin:* un conjunto de miembros que forman una totalidad o todo dinámico , en el sentido de que, el grupo, no es la mera suma de las partes, sino el producto de las interacciones entre sus miembros.

Puede ser caracterizado como un todo dinámico; es decir, que un cambio en el estado de una de las partes modifica el estado de cualquier otra parte.(M. DEUTSCH y R.M. KRAUSS (1985*)*

Para K. Lewin el grupo es una estructura que emerge de la interacción de un conjunto de individuos y que induce ella misma cambios en los individuos.

Esta noción de estructura afecta al grupo de discusión en relación a tres aspectos:

1. El diseño de los grupos: La muestra se selecciona de acuerdo a unos criterios relacionados con el objeto de estudio

2. La interacción grupal:. El grupo interactúa verbalmente mediante el debate. Se trata de contrastar opiniones

3. El análisis del discurso: Se trata de analizar el texto producido por el grupo pero no sólo lo que dicen sino el sentido último de eso que dicen.

    -Análisis del discurso: se basa en la hipótesis estructural del lenguaje según la cual este conforma un sistema

    - Análisis de contenido: análisis cuantitativo, descompone el discurso en elementos para después cuantificarlos

El moderador:

Cumple dos tareas:

- Crear una situación grupal artificial donde los integrantes se manifiesten y hablen libremente, de la forma más natural y espontánea

- Mantener al grupo en una situación de trabajo e interés particular que se deriva del tema investigado y de los objetivos de la investigación.

El moderador guarda con el grupo una relación asimétrica (de poder), él mueve el grupo, selecciona a los participantes, marca el lugar y el tiempo de reunión, indica el tema sobre el que hablar y para qué, reconduce la conversación , señala el final de la misma...

El moderador provoca un discurso grupal espontáneo sobre un tema centrado y acotado para la investigación.

En el trascurso de la reunión no participa en el debate, pero sí trabaja sobre él: escucha lo que dicen los miembros del grupo, reformula alguna de las expresiones para que se profundice, reconduce la conversación, pero sin emitir juicios de valor.

El motor del grupo es "la transferencia", consiste en la relación que se crea entre el moderador y los participantes y entre los participantes entre si.

El moderador plantea el tema, pero nunca predetermina el marco de las posibles respuestas. Es el grupo el que va introduciendo qué aspectos incluir, qué tipo de respuesta dar, cuáles son pertinentes y cuáles no.

El Tema

Centrándonos en el Grupo de Discusión, se trata de un grupo artificial que se constituye para un fin : hablar sobre un tema.

¿Cómo introducir el tema del debate?

-De forma directa (o denotada): que puede ser inmediata o mediata

-Inmediata (al mismo nivel)enunciando el tema "hablaremos sobre la discapacidad física".

-Mediata (a nivel superior) enunciando un tema que lo contenga " hablaremos sobre la discapacidad"

- De forma indirecta o connotada: el tema puede ser presentado

- por condensación metafórica (vamos a hablar sobre recursos)

- por desplazamiento metonímico (vamos a hablar sobre la rehabilitación de los discapacitados físicos)

En primer lugar destacar que existe una falta de reglas o normas , es la subjetividad y el saber hacer del propio investigador lo que se pone en juego. Dicha investigación está sostenida por la estrategia que diseña un sujeto.

Orientaciones básicas para el diseño y selección de la muestra:

Tipo de muestreo a realizar (muestreo estructural) ; Selección de tipos sociales o clases de actuantes; a la composición de cada grupo (criterios de homogeneidad y heterogeneidad, y relaciones comunicables e incomunicables) y al número total de grupos dentro de una investigación.

Muestreo estructural (de las relaciones entre los individuos): basa su estrategia en criterios relacionales (qué relación guardan los sujetos con el objeto de estudio);

Nota: Una investigación mediante grupos de discusión nunca cuenta, ni lo pretende, con representatividad estadística si no con representatividad estructural-relacional, ambas son válidas, pues todo está en función de la naturaleza de los objetivos de investigación que se pretenda analizar.

Selección de "tipos sociales"

Para reproducir situaciones sociales, el diseño de cada grupo se realizará pensando qué "tipos sociales" queremos ver reproducidos en los grupos de discusión (jóvenes, adultos, mujeres....). Cada grupo supondrá una variante discursiva del tema investigado, ya que cada "tipo social" expresa una forma de relacionarse con él y vivirlo.

Según CANALES Y PEINADO (1994)

Es necesario combinar dos variables para obtener los "tipos sociales": las sociodemográficas (edad, sexo, nivel educativo, ámbito geográfico, etc....) y otros atributos que son relevantes en cada estudio concreto(padecer una enfermedad determinada, ser consumidor de una determinada substancia, haber pasado por una determinada experiencia...)

Composición de los grupos

El número total de grupos de discusión dependerá de las posibles agrupaciones de variables que podamos establecer en un mismo grupo y de los criterios de diversificación y de saturación del campo de discursos

.

A tener en cuenta:

Relaciones incomunicables o excluyentes: aquellas que hacen imposible el debate en grupo, que entrañan conflictos

Relaciones comunicables o incluyentes: aquellas que permiten la comunicación entre los individuos.

En cada grupo de discusión deben coexistir unos mínimos de homogeneidad y heterogeneidad

Mínimos de homogeneidad: los componentes de un grupo deben tener en común un mínimo de características (variables socio demográficas) y de experiencias (atributos) con el objeto de estudio.

Mínimos de heterogeneidad: los miembros del grupo deben tener algunos rasgos diferenciales entre sí para que el discurso no sea redundante.

El número de participantes en cada grupo

Según J. IBÁÑEZ (1986) el número ideal de participantes en un grupo de discusión está entre siete u ocho miembros. Siendo el mínimo cinco porque sería a partir de aquí cuando los canales de comunicación son suficientes como para que se pueda dar una producción discusiva y el máximo nueve para que no se disgregue y cada miembro pueda emitir su opinión.

LA CONVOCATORIA Y LUGAR DE REUNIÓN

Ya diseñados los grupos, se comienza el trabajo de campo y la convocatoria de los grupos.

- Localizaremos a las personas con los rasgos señalados, invitándolas a asistir a una reunión en la que se debatirá sobre un tema.

-El contacto lo hará una persona distinta al moderador

- El responsable del contacto no debe influir en los participantes, para ello se recomienda que no informe sobre el tema a tratar o que lo haga de forma muy genérica para que no asistan a la reunión con ideas preparadas y razonadas.

- El grupo no debe preexistir a la reunión, los participantes no deben conocerse entre sí.

- Aunque esto no siempre es un obstáculo.(puede ayudar a la producción grupal de carácter crítico-positivo)

- A la hora de seleccionar el lugar de reunión se debe tener en consideración dos cuestiones:
          -La significación de los espacios y el ambiente de esos espacios.

LA DINÁMICA DE GRUPO

Según se va llegando al lugar de celebración de la reunión, los participantes van ocupando un sitio. El lugar que ocupan es indiferentes excepto en los grupos mixtos.

La mesa de trabajo ha de ser lo suficientemente amplia para que los participantes estén cómodos y no apiñados para mantener su intimidad.

El moderador se sentará junto a los participantes sin ocupar un lugar preeminente entre ellos.

Al principio los participantes buscarán la mirada del moderador y al comprobar que este no participa en la conversación, se dejará en un segundo plano.

En el centro de la mesa se situará una grabadora . Todos los participantes serán informados de su presencia.

-Antes de comenzar la reunión el moderador no debe entablar ningún tipo de relación con los participantes para evitar posibles prejuicios.

-El moderador abrirá la reunión agradeciendo la asistencia a los participantes; después hará una exposicion en la que indicará la investigación que se está llevando a cabo y que pretende recoger distintas opiniones respecto al tema en cuestión.

- Informará sobre las reglas: el respeto mutuo y el no hablar todos la vez, que la palabra es de los participantes y que su función se ciñe a la moderación, podrá hablar quien quiera sin guardar un orden fijo.

-El moderador se mantendrá a la escucha durante toda la reunión

- Irá tirando el hilo cuando lo estime conveniente

- El moderador no establecerá un orden o turno de palabra ni planteará cuestiones , serán los propios participantes los que , vayan produciendo los aspectos que consideren más oportunos.

- Dicha autoorganización será interferida cuando la discusión tome unos derroteros ajenos al tema

- El moderador no abrirá el debate. Tendrán que ser los propios participantes.

- El moderador puede pedir que se profundice en una determinada cuestión

-El moderador suele tener una lista de cuestiones a tratar.

- No deberá incluir palabras con una carga semántica valorativa, tampoco emitirá juicios de valor y no se decantará a favor o en contra de una intervención.

-Deberá evitar enfrentamientos personales que sobrepasen el respeto mutuo.

- No debe evitar ni acallar la aparición de un líder .

REGISTRO Y ANÁLISIS DE LA INFORMACIÓN

Generalmente son grabadas con una grabadora y ocasionalmente en video. Para autores como J. IBAÑEZ (1986) éstos constituyen las memorias del grupo al retener el contenido lingüístico y no lingüístico.

El material de trabajo del investigador serán los textos (transcripción de las reuniones de grupo) y, las imágenes captadas por la cámara. Las dos serán analizadas e interpretadas buscando su sentido buscando su sentido, descubriendo la estructura discursiva que los sustenta.

LOS GRUPOS DE DISCUSIÓN-ACCIÓN PARTICIPATIVA

El grupo debate sobre un tema.

Analiza su propio discurso y/o debate sobre el análisis realizado por el investigador

Propone alternativas y participa en la toma de decisiones

Pasa a la acción (interviene/participa en la realidad para transformarla.

LA OBSERVACIÓN Y EL MÉTODO BIOGRÁFICO

Según Ander-Egg, la observación es el procedimiento empírico por excelencia. Todo conocimiento científico proviene de la observación, ya sea directa o indirecta.

Podemos decir que la **observación en ciencias sociales** es un procedimiento de recopilación de datos e información consistente en utilizar los sentidos para observar hechos y realidades presentes, y a actores sociales en el contexto real (físico, social, cultural, laboral, etc.) en donde desarrollan normalmente sus actividades. Mediante la observación se intentan captar aquellos aspectos que son más significativos de cara al problema a investigar para recopilar los datos que se estiman convenientes.

En trabajo social la técnica de la observación se aplica a campos muy diversos, como puede ser el estudio de culturas y subculturas, el análisis organizacional, el análisis de problemas ligados a un territorio, el estudio de analizadores históricos, etc.

LA OBSERVACIÓN

En ciencias sociales, podemos distinguir básicamente las siguientes **modalidades de observación:**

A) **Observación Indirecta** : encuesta, entrevista, grupo de discusión...

B) **Observación Directa** :

- Según el grado de formalización :   Sistemática

    No sistemática

- Según la posición del investigador: Obser. Externo o no participante

    Observ. Interna o participante

LA OBSERVACIÓN

El proceso operativo de   la observación, se rige básicamente por las siguientes premisas:

El diseño previo de un conjunto de categorías definidas previamente y que constituyen los aspectos a observar en la realidad objeto de estudio.

El establecimiento de un conjunto de reglas de observación y codificación de la información.

La recogida de información en una forma estandarizada de registros.

LA OBSERVACIÓN

La observación sistemática, o estructurada, se dispone de antemano, tanto el campo a estudiar (lugares y sujetos) como de los aspectos concretos o conductas sobre las que se va a centrar la atención.

El investigador suele **establecer previamente una serie de categorías de observación** (aspectos referidos a conductas, acciones, formas de respuesta, etc.) a partir de las cuales realizar la investigación.

El empleo de categorías de observación **permite la cuantificación de las conductas** observadas y su frecuencia entre otros datos.

FASES DE LA OBSERVACIÓN SISTEMÁTICA

1º Planteamiento y operativización del fenómeno a estudiar

2ºEstablecer el campo de observación:

Contexto (lugar, lugares, momentos)
Personas o grupos de personas (unidades a las que se va a observar)
Hechos o variables que se van a observar

3ºEstablecer categorías (tipos, atributos de los fenómenos que se van a observar)

4ºCodificación (asignar dígitos a las observaciones)

Sistemas de enumeración
Sistemas de contabilización

5ºRegistro

6ºAnálisis

LA OBSERVACIÓN

La **observación no sistemática, o no estructurada,** es aquella que se realiza sin previa estructuración en relación a qué observar (conductas, grupos, lugares, momentos, etc.). Es la observación con mayor grado de flexibilidad y apertura a todo lo que acontece.

En realidad, cualquier trabajador social realiza este tipo de observación continuamente. De ahí que en muchas ocasiones constituya el punto de partida en una investigación social.

A pesar de ello, la observación no sistemática no es del todo espontánea o casual, sino que como **poco existe una intención concreta de observar un determinado fenómeno social y de organización de los datos captados.**

Este tipo de observación es muy aconsejable cuando se quiere investigar un fenómeno nuevo sobre el que no tenemos referencias u orientaciones.

La guía de observación y las categorías en este tipo de observación están poco estructuradas o se van conformando en el mismo proceso de la observación.

LA OBSERVACIÓN

En la **observación externa o no participante**, el investigador se mantiene al margen del fenómeno estudiado, como un espectador pasivo, que se limita a registrar la información que aparece ante él, sin interacción, ni implicación alguna. Se evita la relación directa con el fenómeno, pretendiendo obtener la máxima objetividad y veracidad posible. Este modo de observar es muy apropiado para el estudio de reuniones, manifestaciones, asambleas, etc., y en general para la observación de actividades periódicas de grupos sociales más que para el estudio de su estructura y vida cotidiana.

Variantes de la observación externa o no participante:

Observación directa: Es la que el observador realiza sobre el terreno, pero sin incorporarse a la vida del grupo para no modificar su comportamiento habitual.

Observación indirecta: No se observa la realidad en sí misma sino que se pasa a la observación y selección de fuentes documentales (prensa, fotografías, vídeos, archivos, etc.).

LA OBSERVACIÓN

La **investigación participante**, o interna o activa, es aquella en la que el investigador selecciona un grupo o colectivo de personas y participa con ellas en su forma de vida y en sus actividades cotidianas con mayor o menor grado de implicación.

Su finalidad genérica es obtener información sobre la cultura de ese grupo o población y, en lo concreto, pretende descubrir las pautas de conducta y comportamiento (formas de relación e interacción, actividades, formas de organización, etc.)

Permite captar no sólo los fenómenos objetivos y manifiestos, sino también el sentido subjetivo de muchos comportamientos sociales del grupo o actor social investigado.

LA OBSERVACIÓN

Formas de investigación participante:

De participación natural: cuando el investigador pertenece al mismo grupo social que se investiga.

De participación artificial: cuando el investigador se integra e interactúa con el grupo estudiado con el objeto de realizar una investigación.

Dentro de este tipo de observación es muy importante la **interacción entre el observador y el grupo observado**. Algunos aspectos a tener muy en cuenta son los siguientes:

Tener dominio y conocimiento de las situaciones.

Capacidad de improvisación y adaptación a los ritmos y tiempos del grupo.

Tener en cuenta los aspectos intraculturales del grupo.

Negociación del propio rol con el grupo.

Grado de participación e implicación.

Localización de informantes clave.

FASES DE LA OBSERVACIÓN PARTICIPANTE

1º Planteamiento y operativización del fenómeno a estudiar

2º Establecer el campo de observación:

>Contexto (lugar, lugares, momentos)
>Personas o grupos de personas (unidades a las que se va a observar)
>Hechos o variables que se van a observar

3º Entrada en la colectividad y delimitación del propio rol

4º Establecimiento del contacto cotidiano y localización de informantes

5º Observación y registro de la información obtenida

6º Salida del campo y análisis

LA OBSERVACIÓN

El registro de la información se lleva a cabo fundamentalmente en:

El diario de campo: Es el relato, escrito cotidianamente, de las experiencias vividas y los hechos observados. Suele ser redactado al final de una jornada o al finalizar una actividad considerada como importante en el trabajo de campo.

El cuaderno de notas: Es la libreta que el observador lleva siempre encima con el objeto de anotar sobre el terreno todas las informaciones, datos, expresiones, opiniones, etc. que pueden ser de interés para la investigación. Estas anotaciones se incorporan con posterioridad de manera organizada al diario de campo. Por lo general, **existen** **tres tipos de notas:**

Observacionales (descripciones de los hechos y contenidos captados).

Teóricas (relaciones y nexos de lo observado con el marco teórico construido   en el planteamiento de la investigación)

Metodológicas (comentarios sobre aspectos técnicos del trabajo de   campo)

Mapas o diagramas de escenario: Cuando al investigación se desarrolla   en un territorio o ambiente físico determinado, es útil disponer de mapas   o elaborarlos con el fin de registrar la vinculación de los grupos de población con el espacio, las relaciones que establecen con él y los   itinerarios o condensaciones que se producen en el territorio.

Es recomendable el uso complementario de información de carácter gráfico
o   audiovisual.

EL MÉTODO BIOGRÁFICO

Definición

Tipología de técnicas biográficas

Ventajas de las técnicas biográficas

Inconvenientes de las técnicas biográficas

La historia de vida

El relato de vida

El tratamiento de la información en las técnicas biográficas

La interpretación en este tipo de técnicas

El análisis en las técnicas biográficas

Presentación de los resultados con técnicas biográficas

EL MÉTODO BIOGRÁFICO

Las técnicas biográficas constituyen un conjunto de procedimientos destinados a producir información para describir y/o explicar el proceso vital de una persona o grupo social en su contexto.

Bajo el mismo término se esconden en realidad técnicas que, aun compartiendo supuestos comunes, son bien distintas en su aplicación. La elección de unas u otras dependerá de la adecuación al objeto de investigación.

Podemos realizar una distinción inicial del material biográfico de interés para la investigación en trabajo social a partir de las técnicas que se utilizan para producirlo.

En trabajo social las técnicas biográficas se utilizan con varios objetivos: investigación, intervención o como una herramienta testimonial. Poseen por lo tanto una intención instrumental más que expresiva.

EL MÉTODO BIOGRÁFICO

- Técnicas basadas en la documentación:

  - Autobiografías
  - Diarios y anotaciones diversas (agendas, memorias)
  - Cartas
  - Documentos expresivos (composiciones literarias, artísticas, poéticas, etc.)

- Técnicas basadas en la conversación:

  - Biografías
  - Historias de vida
  - Relatos de vida

EL MÉTODO BIOGRÁFICO

- Técnicas basadas en la observación

* Observación del contexto del sujeto o del grupo

Ventajas de las técnicas biográficas

Permiten un análisis de los hechos retrospectivo, longitudinal en el tiempo.

Sirven como elemento de triangulación metodológica.

Ayuda a relacionar los procesos sociales son los hechos históricos.

Ayuda a sugerir nuevos aspectos sin tratar de un tema estudiado.

Permite la emergencia de claves explicativas sin condicionamientos del investigador.

Inconvenientes de las técnicas biográficas

Problemas de autenticidad y veracidad (riesgo de alteración de acontecimientos).
Problemas de subjetividad.
Distorsión en la información provocada por el factor tiempo.
Se manejan normalmente pocos casos (problemas de representatividad).
Dificultad para comprobar hipótesis y teorías

En trabajo social, las técnicas biográficas se utilizan actualmente en dos campos de investigación:

Estudios de la marginación: política social, cultura de la pobreza, dimensiones estructurales de la exclusión, etc.

Estudio de las sociedades complejas: subculturas e identidad, conflictos, etc.

EL MÉTODO BIOGRÁFICO

La historia de vida se halla cercana a la metodología del estudio de caso.

Se trata de recoger en su totalidad el relato de la vida de una persona, a la que se considera por distintos motivos como "informante clave" (Meneses y Cano, 2008). Se recoge durante un largo período de tiempo por aproximaciones sucesivas, en varias entrevistas. La historia de vida tiende a la exhaustividad, y se suelen además emplear otros documentos o testimonios que corroboren o amplíen la información recogida.

Ruiz Olabuénaga considera que confluyen **cuatro objetivos investigadores en las historias de vida:**

> - Captar la totalidad de una experiencia biográfica, totalidad en el tiempo y en el espacio, desde la infancia hasta el presente

> - Captar la ambigüedad y cambio, lejos de una visión estática e inmóvil de

las personas y de un proceso vital lógico y racional: contradicciones, conflictos,vueltas atrás, etc.

- Captar la visión subjetiva con lo que a uno mismo se ve así mismo y al mundo, como interpreta su conducta y la de los demás

- Descubrir las claves de la interpretación de no pocos fenómenos sociales de ámbito general e histórico que solo encuentra explicación adecuada a través de la experiencia personal de los individuos concretos.

EL MÉTODO BIOGRÁFICO

Relato único:

Relato de la trayectoria vital de un único sujeto
Nos hallamos ante la autobiografía de un sujeto realizada a partir de entrevistas en profundidad

Relatos cruzados

Relatos de vidas cruzadas **entre miembros del mismo entorno** (familiares, vecinos, compañeros de una organización) para que expliquen a varias voces una misma historia.

Los relatos de las experiencias personales **suelen converger hacia un punto central de interés** (del investigador), hacia un tema común, del que todos los sujetos han sido a la vez protagonistas y observadores.

Permiten validar los hechos presentados por los sujetos biografiados

EL MÉTODO BIOGRÁFICO

El relato de vida es una herramienta más cercana a una entrevista en profundidad. **Trata de recoger un número de relatos que tengan representatividad, a partir de una tipología de los sujetos** que integran el universo (Meneses y Cano, 2008).

A diferencia de la historia de vida, en el relato de vida la triangulación y verificación de la información no se basa en documentos o fuentes ajenas al narrador, sino que aquí **se obtiene a partir del análisis cruzado de varios relatos que se** recogen mediante entrevista, (Entrevista biográfica).

En función del interés investigador, **los relatos pueden referirse a la totalidad de la biografía o restringirse únicamente a ciertos contenidos temáticos.**

EL MÉTODO BIOGRÁFICO

El tratamiento de la información en las técnicas biográficas depende esencialmente del material en que se ha registrado la información.

Documentos: Evaluación, clasificación cronológica y temática, relación entre documentos (y con datos extra-texuales).

Autobiografías encargadas: Selección de los principales episodios, temáticas para el análisis.

Entrevistas: Transcripción, clasificación por temáticas y cronológica, reducción de datos, codificación.

Observación: Organización de las notas de campo (observacionales, metodológicas y teóricas), reducción de datos (registros orales y gráficos).

EL MÉTODO BIOGRÁFICO

La interpretación en este tipo de técnicas suele tener una **doble intención**. Al solicitar a un narrador que nos relate su vida o parte de ella, además de la **petición explícita** de los contenidos que interesa investigar, existe una **petición implícita**: la de tomar una posición frente a lo que cuenta. El narrador por lo tanto es a la vez productor y actor de la historia que cuenta.

Por ello **en la fase de interpretación es conveniente ir subrayando** lo que en el relato aparece como:

Los objetivos y las actitudes privilegiadas por el narrador.

Los personajes principales; las palabras que ellos han dicho y que han marcado al sujeto, los gestos, los comportamientos que ellos han tenido.

Las situaciones cruciales para la orientación del recorrido de la trayectoria, para las elecciones vitales (significación, fuerza determinante del futuro).

EL MÉTODO BIOGRÁFICO

Las relaciones de esos acontecimientos (objetivos, actitudes, personajes, situaciones) con la historia social en el sentido más amplio.

Las aspiraciones del sujeto, a partir de las experiencias de satisfacción o de frustración que ha conocido el sujeto a todo lo largo de su historia.

El análisis en las técnicas biográficas puede utilizar **métodos cuantitativos, cualitativos** o ambos a la vez.

En el caso de los **métodos cuantitativos**, a partir del análisis de c contenido, se recogen las historias de vida de los sujetos como una sucesión de eventos.

En el caso de los **métodos cualitativos**, para el análisis se suele diseñar una doble guía: guía cronológica(etapas de la vida del sujeto entrevistado), y guía temática (aspectos que interesan en la investigación.)(Santamarina y Marinas): Edad y tiempo ; Espacio (hábitat, desplazamiento); Familia; Trabajo y logro; Género; Clase social y movilidad ; Subcultura de referencia y ocio

EL MÉTODO BIOGRÁFICO

La presentación de los resultados depende del tipo de relato que se ha seguido en la investigación.

El relato único:

El informe es la narración del propio protagonista (suele tener   una ordenación temporal)

En el caso de la autobiografía, el propio sujeto escribe sobre su vida, puede variar el orden, insertar epígrafes, y **el investigador corrige estilo, interpreta con notas a pie de página ...**suprimir fragmentos repetitivos.

o

El investigador ordena los informes verbales o escritos del personaje (cronológico o temático) y va separando mediante cambios tipográficos notas a pie lo declarado o escrito por el sujeto y las interpretaciones del investigador

Se muestra el material complementario: fotografías, objetos, documentos personales, etc...

EL MÉTODO BIOGRÁFICO

Relatos cruzados:

El informe se estructura normalmente **sobre el eje temporal y el temático;**

El investigador va exponiendo a modo de control y contraste de las informaciones, **las diferentes interpretaciones del mismo hecho por parte de los diferentes protagonistas.**

Las observaciones del investigador tienen mayor importancia, estructuran e interpretan el/los relatos.

Las declaraciones o escritos de los sujetos tienen en la exposición del informe un papel secundario (como ilustración de las argumentaciones del investigador, evidencia)

Relatos paralelos

El informe se estructura sobre las mismas experiencias vitales (temático/cronológico)**, comparándolas** según los diferentes ámbitos de los sujetos que cuentan sus historias.

También aquí **las declaraciones de los sujetos tienen un papel secundario** (ilustración de las interpretaciones del investigador; evidencia$\Big)$

Bibliografía:

Metodología de la investigación social: técnicas innovadoras y sus aplicaciones
MA Menéndez, IS Rodríguez - 2012

Guía para elaborar un proyecto de investigación social / Facal Fondo, Teresa .
Paraninfo, 2015

Métodos y técnicas cualitativas investigación en ciencias sociales
JUAN MANUEL DELGADO.Síntesis, 2007.